SOUVENIRS

HISTORIQUES ANECDOTIQUES

BOURGES, IMPRIMERIE DE A. MANCERON.

SOUVENIRS

HISTORIQUES ANECDOTIQUES

PAR

LE COLONEL MARNIER.

Se vend au bénéfice des Veuves et des Enfants des Gendarmes qui ont succombé en décembre 1851

A PARIS
CHEZ LES PRINCIPAUX LIBRAIRES.

1852

A SON EXCELLENCE

LE PRINCE DE DIETRICHSTEIN.

MON PRINCE,

Lorsqu'en 1831 j'eus l'honneur de vous rencontrer à Hyères, où vous veniez chercher un ciel toujours d'azur et moi une distraction aux événements qui avaient brisé mon avenir, vos bontés me furent bien précieuses. — Dans le cours de votre honorable carrière, mon prince, vous aviez aussi éprouvé quelque déception, et j'apprenais par vos discours et votre exemple à me consoler des amertumes de la vie.

Le cœur encore plein des aimables causeries dont votre gracieuse familiarité augmentait le charme, j'ose vous prier, mon prince, d'agréer l'hommage d'un opuscule qui n'est en grande partie qu'une réminiscence du temps où nous habitions cette riante contrée.

Je suis avec les sentiments les plus respectueux, de votre altesse sérénissime,

Mon Prince,

le très humble et très obéissant serviteur,

Colonel J. MARNIER.

SOUVENIRS

HISTORIQUES - ANECDOTIQUES.

Suisse. — Piémont.

Provence. — Vendée.

Genève,
la Vallée de l'Arve, la Grotte de Balme.

*Lettre à M***, membre de l'Assemblée législative.*

JE vous résiste, mon ami, malgré les séduisantes espérances que fait revivre en moi le plan du beau voyage que vous allez entreprendre; oui, je vous résiste, jouissez sans moi de votre bienheureuse prérogative (1).

(1) Cette lettre date d'août 1851, époque de la prorogation de l'Assemblée nationale.

A votre retour vous me donnerez des regrets, ou plutôt vous les augmenterez, je le sais; mais au moyen de vos lettres, mon ami, je vous suivrai dans vos excursions alpestres; mes souvenirs plongeront au fond de ces torrens que vous côtoyerez sur des rampes rocheuses, rapides et si étroites qu'il vous faudra vous appuyer contre la pierre nue qui s'élève à pic jusqu'au ciel, pour ne pas tomber victime du vertige. Mais une fois parvenu au sommet de cette montagne d'un accès si dangereux, ah! quel dédommagement... Cette nature nouvelle tient du merveilleux par son grandiose, par sa majesté... Vous ferez comme j'ai fait le jour où j'atteignis le pic de l'Altel, je m'inclinai comme si je touchais au seuil du palais de Dieu...

Je dominais tous ces sommets, qui me semblaient tellement rapprochés les uns des autres qu'on aurait dit un vaste archipel; car le jour où je fis cette ascension, l'épais brouillard qui enveloppait toute la contrée s'affaissait paisible jusqu'au fond des vallées, laissant à découvert les plus hautes cimes, d'où il était refoulé par les rayons d'un soleil resplendissant.

Le Mont-Blanc, la Yungfrau et quelques autres montagnes couvertes de neiges perpétuelles dépassaient seuls mon observatoire.

Vous ne pourrez vous dispenser, mon ami, de faire la course de Chamouny, cette vallée célébrée par un grand nombre de poètes touristes. Je l'ai visitée en simple voyageur, moi, et je suis bien aise de vous parler de la grotte de Balme que vous trouverez à moitié chemin de Genève à Chamouny. Elle mérite d'être vue ; lisez ce que j'en racontais à notre ami Eugène... J'espère que mon récit vous imposera l'obligation de vous y arrêter.

« Ma lettre vous trouvera encore à Genève, lui écrivais-je, vous allez voir de belles horreurs avant même d'avoir atteint Chamouny. Et d'abord il faut bien vous dire que cette vallée, devenue célèbre par les descriptions enthousiastes des poètes et des voyageurs, fut complétement inconnue jusqu'à l'heure où deux Anglais du nom de Pokock et Windham y pénétrèrent les premiers en 1741.

« J'ai eu pour cicérone dans mes excursions le petit-fils de l'un des guides qui escortèrent ce couple d'audacieux explorateurs. Les détails qu'il raconte sur les fatigues, les encombres, les dangers inouïs qu'eut à subir la caravane, seront toujours incroyables pour ceux-là même qui auront, comme moi, comme vous bientôt, essayé de franchir les sommets helvétiques. »

Non loin de Genève s'épanche l'Arve, qui, torrent et rivière tour à tour, descend des glaciers du Mont-Blanc pour se jeter dans le Rhône au-dessous de la ville. Vous longerez ce cours d'eau sur ces deux rives alternativement, et toujours à travers une délicieuse vallée dont la physionomie ne change qu'à partir de Sallanche et de Saint-Martin. Jusque-là vous ne rencontrerez sur votre passage que prairies et bosquets, eaux vives jaillissant en cascades, forêts, villages pittoresques. A mesure que vous approchez de Saint-Martin, les hautes cimes qui bordent la vallée de l'Arve se resserrent graduellement et finissent presque par s'embrasser. Il en résulte que la route cesse d'être carrossable deux lieues seulement au-delà de St-Martin et à partir des bains de Saint-Gervais, couchés au flanc d'une montagne dont l'aspect rappelle nos plus beaux sites des horizons pyrénéens.

Jusqu'à Chamouny le pied se traîne de cahots en cahots ; il y a péril à opérer ce trajet dans les chars de côté qu'on loue à Saint-Martin ; la plus prudente voie de locomotion est sans contredit le dos de mulet.

Mais revenons à Cluses.

On quitte ce bourg élégant et riche, on traverse Balme, joli hameau composé de quelques chalets d'autant plus gracieux que tous paraissent mollement étendus sur des tapis de verdure; chacune de ces coquettes demeures s'entoure de frais bocages ou de massifs d'arbustes isolés qui semblent s'être donné le mot pour être tout en fleurs à l'époque des voyages.

L'habitation la plus voisine du chemin abrite une famille qui possède le privilége exclusif d'accompagner les curieux à la grotte de Balme. C'est une grotte, et pourtant n'allez pas croire qu'il faille descendre et en chercher les profondeurs dans les entrailles de la terre. Non, non, voyez plutôt à votre gauche ce mur fait de roches à pic, dont la tête se perd dans les nuages; regardez bien, et vous apercevrez, à une distance de 250 mètres, un point noir presque imperceptible à l'œil... C'est la bouche de la caverne. Si, à mon exemple, vous êtes désireux de visiter, de parcourir l'antre, suivez la bonne, l'aimable et officieuse propriétaire du privilége; vous ne serez pas d'ailleurs si fort à plaindre, car, avec ses trente printemps (en 1845), c'est une jolie femme, une avenante compagne de promenade ; sa gaîté vous abrégera la route ; votre longue et pénible ascension s'effectuera sans que vous y preniez garde, et vous serez tout surpris d'avoir monté si haut par un sentier dont vous ne retrouverez pas plus la trace en vous plaçant au balcon établi sur le bord de la grotte que vous n'en eussiez deviné la direction avant d'entreprendre l'escalade. Vous êtes à plus de 800 mètres au-dessus du niveau de la mer.

— Vous touchez enfin le but.

— Vous avez chaud ; passez *dans le salon*, vous dit la gentille conductrice, on y est bien, vous y prendrez un peu de repos ; ensuite nous allumerons des torches pour nous engager aussi avant qu'il vous plaira dans les détours du labyrinthe.

On nomme *salon* une pièce à peu près carrée, percée dans le roc, assez spacieuse, éclairée par une ouverture de sept mètres de largeur sur cinq de hauteur, et terminée en ceintre. Des lianes, des fleurs entretenues avec soin bordent les contours de cette ouverture et enveloppent le grillage du balcon formant saillie, lequel, bien que des plus solides, vous verra faire un pas en arrière dès que vous aurez mesuré du regard le vide effrayant qui se creuse au-dessous. On trouve dans le salon des siéges, et pour les dames un long canapé; sur une table, deux ou trois registres où se lisent les noms des visiteurs, qui parfois ont en outre inscrit sur ces albums leurs réflexions plus ou moins philosophiques. Désirez-vous quelques rafraîchissements, quelques friandises, on ouvre aussitôt une porte cachant une sorte d'office où se tiennent en réserve des provisions fort peu à dédaigner, ma foi! Du vin, de la bière, des liqueurs, de l'eau fraîche et limpide, puis des galettes, des gâteaux, des biscuits. Vous vous croyez encore chez Félix, rue Vivienne.

Après qu'une légère collation a réparé vos forces, chacun de vous saisit son flambeau rustique, et vous défilez processionnellement sur les pas de la conductrice. Vous avez eu soin toutefois de commencer par rajuster vos habits, car la fraîche atmosphère de la grotte va vous pénétrer jusqu'aux os.

Alors, mon cher Eugène, priez votre obligeant cicérone de vous rapporter un événement quasi contemporain de mon voyage : la rencontre qui mit face à face, dans l'intérieur même de cette caverne, deux jeunes princes et un bourreau.

« — Ah! Monsieur, m'a dit à moi cette brave

femme, vous me rappelez une circonstance que je cherche toujours à éloigner de mon souvenir. Mon Dieu! je n'ai jamais eu aussi peur dans toute ma vie que ce jour-là. Tenez, c'est ici que se passa le drame, pas plus loin que sur le bord du puits auprès duquel nous nous arrêterons tout à l'heure.

Les deux Princes et le Bourreau.

« Mon fils ramenait du fond de la grotte un étranger suivi de son domestique. Moi je conduisais deux jeunes gens honnêtes et doux, que je pris pour de riches et nobles seigneurs, tant ils étaient polis et affables. Leurs yeux s'étant portés sur le livre des voyageurs, y lurent le nom de celui que nous devions nécessairement rencontrer. Aussitôt leur colloque s'interrompit net, leurs traits s'animèrent, leurs membres tressaillirent, et dans toute leur personne se manifesta ce sentiment de dégoût et d'horreur qui nous saisit à la vue d'un serpent.

« — Cet homme… cet homme qui a signé là…, s'écrièrent-ils ensemble, et avec une grande vivacité, cet homme n'est-il pas un Anglais ? N'a-t-il pas une face pâle comme les criminels, une chevelure couleur d'ocre comme le poil de la hyène ?

« Inquiète, troublée, je répondis tant bien que mal ce que je savais, ce que j'avais pu remarquer.

« —Oh ! c'est lui ! dit aussitôt d'une voix retentissante le plus petit des deux… Eh bien, ma bonne, marchez, allez toujours, nous vous suivons… Nous voulons voir la bête fauve à la crinière jaune.

« Ils se parlaient l'un à l'autre, moitié en français, moitié dans une langue inconnue ; je ne comprenais rien, mais j'avais une fameuse peur. De loin, nous apercevons des torches, et j'entends mon fils qui racontait à ses deux voyageurs comme quoi l'on n'avait pu encore déterminer la profondeur du puits. A peine les avions-nous rejoints, que l'un de mes Messieurs s'adressant au Monsieur de mon fils :

— Votre nom est sir Hudson-Lowe ?

— Vous l'avez dit.

« L'entretien se continua en anglais. Je n'en distinguai

pas le sens précis ; mais le Monsieur de mon fils, qui avait débuté par le ton de l'arrogance, descendit bientôt à la parole timide d'un suppliant. Quelque peu de sympathie que j'éprouvasse pour cet homme, il me parut prendre tout-à-coup un air si misérable que, malgré moi, je me sentais entraînée vers une sorte de pitié.

« — Hudson-Lowe, reprit d'un accent fier et digne, l'un de mes deux jeunes gens ; Hudson-Lowe, tu as été l'assassin de l'empereur... Je suis, moi, son neveu, Louis Napoléon Bonaparte ! Il me faut ta vie, prépare-toi. Par un reste de cette générosité familière à ma race, je veux bien t'accorder l'honneur d'une partie égale. Choisis donc les armes, le lieu du rendez-vous... Tu le vois,... l'impatience me brûle !... »

« Certaines excuses furent balbutiées par l'Anglais ; il n'avait fait qu'obéir aux ordres de son gouvernement, il ne pouvait se battre pour avoir rempli son devoir...

— Il refuse ! Il parle de justification ! dit le jeune prince en menaçant l'Anglais de sa cravache. Celui-ci recula épouvanté, et vint tomber sur le bord du puits.

« Précipitons-le dans l'abîme, s'écrièrent simultanément les deux Français. Mais aussitôt, maîtres de leur indignation, ils s'éloignèrent avec dédain de ce lâche adversaire. Il avait perdu connaissance ; mon fils et moi nous le relevons ; il lui prodigue ses soins, et, dès qu'il l'a rappelé à la vie, il le ramène à l'entrée de la grotte où l'attendait son valet, disparu au premier signal d'une collision.

» Maître et serviteur ne pesèrent pas long-temps sur la montagne ; ils s'esquivèrent au pas de course ; et depuis je n'eus de leurs nouvelles que par le magistrat près duquel je fus appelée en témoignage à la suite de leur déclaration. J'osai faire entrevoir aux deux jeunes gens le cas grave dans lequel ils avaient failli se commettre ; ces braves cœurs n'avaient pensé à rien, sinon à suivre l'élan spontané d'une indignation légitime.

— Le lâche ! répétaient-ils, avoir refusé de se mettre en garde avec nous ; avec nous qui perdions la tête jusqu'à daigner la mettre en jeu contre un tel adversaire.

« Voici, continua notre narratrice, le puits désormais historique. C'est là que je vis l'Anglais étendu, c'est ici que son front fut appuyé... J'en frémis encore... Je n'aurais certes pas cru ce jeune et joli français aussi vif, aussi terrible... ; on eût dit un lion. N'importe, je lui pardonne de toute mon âme les transes qu'il m'a causées... Et ce vilain gueux d'habit rouge ! Ah ! si j'avais su qu'il eût été le geôlier de mon empereur...., foi d'honnête femme, je n'aurais pas voulu que mon fils l'accompagnât, quand il eût couvert d'or la trace de nos semelles.... Moi, Monsieur, je suis la fille d'un ancien grenadier à cheval de la vieille garde... Mon père,

— (le bon Dieu lui en aura tenu compte!) — était, comme vous, membre de la Légion-d'Honneur. S'il eût vécu et qu'il eût rencontré là ou là ce coquin, ah! vrai, il l'aurait étranglé... Et moi, instruite de ses antécédents, je ne l'aurais pas défendu de mon petit doigt. »

Voilà, mon cher Eugène, ce que j'ai vu, ce que j'ai entendu, dans la célèbre caverne de Balme. Lorsque vous irez à votre tour de ce côté, je vous prie instamment de rappeler à la bonne femme du chalet certain voyageur et sa fille auxquels elle raconta (voilà deux ans) l'épisode si dramatique advenu au fond de la grotte. Elle aura peut-être gardé mémoire des vingt petites pièces neuves de vingt-cinq centimes que ma fille lui fit accepter en échange de notre intéressante excursion. Dites-lui quel plaisir j'ai eu à déposer sur ses joues fraîches et rebondies, deux gros, deux bons, deux francs baisers. Nulle autre monnaie ne me sembla digne de récompenser la chroniqueuse, pour son tableau saisissant de l'entrevue des jeunes princes avec l'infâme Hudson-Lowe.

Le Capitaine Collin.

Je dois ajouter à ma lettre une curieuse aventure, qui n'est pas étrangère au nom de Hudson-Lowe, et dans laquelle fut acteur, il y a quelques jours, un de mes amis, à la Rotonde, au Palais-Royal.

Un vieux militaire en cheveux blancs, dont le visage s'encadrait dans un large et beau collier couleur de neige, dégustait, ainsi que sa femme, son café quotidien ;

lorsqu'un jeune homme, connu d'eux, s'approche, et leur présente monsieur Hudson-Lowe, fils ou neveu du général britannique... A ce nom, le vieux soldat dépose sa tasse, lève la tête, et plonge un regard incisif sur les deux adolescents. Prévoyante et saisie de crainte, sa compagne fait signe aux deux jeunes gens de s'éloigner, et détourne aussitôt la conversation ; mais le mari, toujours les yeux en arrêt sur le grand blond qui vient de lui être nommé, se dresse lentement de toute sa hauteur, ses membres sont crispés, son teint est pourpre... Il veut parler, sa langue s'embarrasse, et il ne peut articuler que ces trois mots d'une voix saccadée, qu'il ren force progressivement : Hudson-Lowe!!!... Sainte Hélène!!!... L'Empereur!!!...

Tout-à-coup, par un de ces retours propres aux hommes supérieurs, il maîtrisa son émotion, et, se rasseyant, dit avec dignité au jeune Anglais épouvanté : — Monsieur, un fils n'est pas solidaire des fautes de son père, mais il doit éviter d'entendre des reproches qui pourraient déchirer son cœur ; veuillez vous retirer. Le jeune homme s'inclina et disparut.

Depuis quinze ans, le capitaine Collin habite le quartier du Palais-Royal, on le voit chaque soir prendre à la Rotonde sa demi-tasse de rigueur, et lire avec une bien autre avidité sa feuille de prédilection : *Le Constitutionnel.* Habitués, patrons et garçons de l'établissement rivalisent à son égard de soins attentifs.

Ancien volontaire de 91 ou 92, contemporain et compagnon d'armes des plus illustres officiers de nos périodes modernes, il a servi trente ans dans le même corps (le 5e régiment de cuirassiers); quelque avantage qui lui ait été proposé d'ailleurs, jamais il n'a voulu se séparer de son régiment.

C'est par une sorte de surprise que le brave capitaine s'est vu classé ultérieurement parmi les grenadiers à cheval de la garde impériale, dont il fut l'un des plus beaux hommes. S'il vous arrive de prononcer devant lui ce nom magique de l'Empereur, vous voyez à l'instant se couler sur ses joues deux larmes silencieuses... Digne et brave capitaine!

Voilà une de ces vieilles et rares colonnes qu'on ne salue pas sans attendrissement!... Un de ses nombreux, un de ses plus précieux souvenirs, lui rappelle qu'à Jemmapes, se trouvant d'ordonnance auprès du général Dumouriez, dans une magnifique charge contre la cavalerie hongroise, Collin reçut là sa première blessure, et ce n'est pas, à l'entendre, son plus faible titre d'orgueil. Malgré les cicatrices de sept à huit autres coups de sabre, assez difficiles à parer, pour qui se jetait constamment au fort de la mêlée, il demeure encore plein de cette mâle puissance d'esprit qui lui vaut tant d'admiration sympathique.

Vous comprendrez maintenant, mon cher Eugène, la

légitime horreur dont fut saisi notre brave, au seul nom d'Hudson-Lowe..., lui qui professe le plus pieux des cultes pour la mémoire du grand homme (1).

(1) Le capitaine Collin habite maintenant dans la Chaussée-d'Antin la rue de Larochefoucauld.

La vallée de Chamouny, Fribourg, l'Orgue, les Ponts, les Lacs, etc.

Je vous attends, mon ami, avec vos impressions écrites sur les lieux mêmes; nous les comparerons à celles que j'ai recueillies lors de mes différentes excursions... Je vous attends, ai-je dit... Eh pourquoi pas! N'avez-vous pas l'intention de faire porter fruit à ce voyage? Et votre fils, notre Buffon en herbe, croyez-vous qu'il doive lui suffire de faire le touriste, pour dire cet hiver: J'ai vu la ville républicaine de Genève... je me suis trouvé en compagnie de quelques démocrates aux noms retentissants... ? Non, non, votre fils voudra décrire sans doute les sensations qu'il aura éprouvées, par exemple pendant que l'organiste de Fribourg vous fera entendre l'orage lointain... s'approchant, ébranlant les vitraux et le temple lui-même par les éclats d'un tonnerre qui semble vous faire craindre l'affaissement des voûtes de ce bel édifice... Certes il devra raconter sa surprise lorsqu'à la suite de ce vacarme qui frappe d'étonnement et glace d'effroi, le nuage s'éloigne..., le bruit de la foudre semble ne plus arriver que par le choc des échos... ; enfin il assistera au retour du calme d'un ciel pur... ; il dira, votre jeune dauphin, ce que me rapportait un jour un de mes amis, E. Gouin : « Au moment où « j'étais plongé dans une sainte admiration... ; où « j'étais désireux d'entendre dans toute sa splendeur les « graves mélodies dont on m'avait vanté le charme, « qu'entends-je... ? une voix robuste qui vocalise har- « monieusement sans doute ; mais enfin une voix « d'homme... les derniers roulements du tonnerre « me retenaient encore captif dans ma stalle, j'espérais « qu'on allait faire taire l'importun, lorsqu'une se- « conde voix, celle d'un second Dupont, vient joindre « ses accents juvéniles à ceux de ce Lablache ou Le- « vasseur... Ah ! je n'y tins plus, et me levant rapidement « je m'écrie... Mais quelle horreur !... taisez-vous donc, « mauvais chanteurs... Mon voisin, appuyant aussitôt « sa main sur mon bras : Silence, me dit-il, c'est l'effet « de l'orgue imitant la voix humaine. Ah ! alors cet or- « ganiste était pour moi un être à part... Aux deux voix

« harmonieuses il en joignit d'autres..., et alors ce fut « le concert le plus suave, le plus émouvant que l'on « puisse entendre... Bientôt rentré dans mon immo- « bilité, il me semblait voir les habitants de la vallée « sortir de leurs chalets, naguère menacés par les foudres « du ciel, se réunir pour rendre grâces à Dieu d'avoir « épargné leurs troupeaux, leurs récoltes, leurs habi- « tations. Mon illusion fut tellement complète que l'ins- « trument jetait de temps en temps quelques sons pa- « reils à ceux de la trompe des bergers postés sur les « cimes où paissent les belles vaches pendant cinq mois « de l'année; ces sons, ce ranz des vaches, qui si- « gnifie joie, bonheur, annonçaient la disparition du « fléau, et disaient que la sécurité était revenue dans la « vallée. »

Le jour où E. Gouin racontait son impression de Fribourg, c'était en présence d'une société nombreuse... Je fus un des dix auditeurs qui partirent dans la même année pour jouir de la merveille de Fribourg(1). J'y suis même retourné deux fois depuis : mais revenons à votre

(1) Une autre merveille est le pont suspendu que l'on traverse en arrivant de Berne. C'est l'entreprise la plus hardie et la plus heureusement exécutée... Un pont qui a neuf cent vingt-cinq pieds d'étendue et d'un seul jet; il traverse toute une vallée dont les habitations sont à plus de trois cents pieds au-dessous de vous !

A peu de distance de ce pont, il en existe un second moins long, qui réunit également les deux rives d'un vallon dont la profondeur dépasse cinq cents pieds.

tourisme. Vous voulez, dites-vous, voir *toute la Suisse* ! et vous ne consacrez que deux mois de votre prorogation pour ce voyage....Je vous déclare que vous ne rapporterez que des notions incomplètes de ce pays...; cette course rapide à travers l'Helvétie ne vous en donnera qu'une idée générale; seulement elle la fixera sur les contrées que vous voudrez explorer une autre fois dans tous leurs détails. Achevez, croyez-moi, votre promenade en remontant le Rhône, par le Haut-Valais, après avoir admiré Interlaken, ce véritable Eden de la Suisse, que vous aurez glissé sur les paisibles lacs de Thun et de Brientz, et que vous aurez fait surtout les courses obligées vers les glaciers du Grindenwald, et la vallée de Lauterbrünn pour admirer la plus haute cascade de la Suisse, le Staubach qui s'échappe des régions supérieures en nappes d'eau pour tomber en pluie après un saut de plus de 300 mètres.

Ensuite mettez-vous donc en route par l'une des ravissantes vallées qui vous amèneront à Kanderstedt, d'où vous aurez ensuite à escalader la montagne la plus extraordinaire de toute la Suisse, la céleste Gemmi, qui sépare le canton de Berne de celui du Haut-Valais. C'est sur le revers sud-est de cette montagne que cinquante braves Valaisains arrêtèrent une armée qui menaçait de faire irruption dans leur pays.

Vous vous dirigez alors sur Louëche-les-Bains, puis, continuant à descendre en longeant d'affreux précipices sans danger d'y être entraîné tant les sentiers sont parfaitement entretenus, vous descendez ensuite à Louëche-la-Ville sur le Rhône, qui coule tumultueux à travers un lit de rochers par Sion et Martigny, pour aller se jeter dans le lac de Genève près de Villeneuve.

De Louëche-la-Ville vous passez sur la rive gauche du fleuve, que vous remontez par une route magnifique, et en moins de cinq heures vous entrez en Piémont; vous n'avez plus qu'à poursuivre jusqu'à Domodosola, jolie ville assise sur le penchant méridional du Simplon que vous venez de franchir; dès-lors, ami, je vous livre à vous-même, vous irez sans aucun doute explorer le fameux lac Majeur, puis vous planterez votre tente soit sur les bords du lac Lugano, soit sur les rives enchanteresses du beau lac de Como; mais alors, comme le temps que vous aurez destiné à vos études horticoles et géologues sera près de finir, je vous somme de suivre la corniche pour rentrer en France par le pont du Var en quittant Nice la coquette, d'où vous aurez admiré la mer toujours calme et unie comme une glace.

De Nice alors côtoyez la Méditerranée sur la ligne de Toulon, brûlez Antibes aux blanches murailles; arrêtez-vous à Grasse pour voir la villa du célèbre Brougham, ce jurisconsulte anglais qui avait la prétention de devenir électeur français pour aspirer probablement à siéger à la Constituante en même temps qu'au parlement dont il est membre. Continuez, ami, jusqu'à Hyères; Hyères! où vous me trouverez, pour vous faire les honneurs de la contrée la plus paisible, la plus ravissante de toute la France, pendant la quatrième saison de l'année.

Afin de vous donner une idée de ce séjour, qui n'a pas son pareil depuis Perpignan jusqu'au Var, je veux que vous emportiez les notes ci-jointes pour les lire durant les jours où la pluie vous retiendra dans quelque hôtel. La description est d'une exactitude parfaite et la partie historique irrécusable. C'est en 1832 que j'ai tracé ce souvenir.

SOUVENIRS

HISTORIQUES-ANECDOTIQUES.

Hyères. — Ses jardins. — M. Denis. — Boïeldieu. — M. de Talleyrand. — Le maréchal Saint-Cyr. — Le prince de Dietrieschtein. — La famille de Vaufreland. — Thalberg. — Toulon. — Rade. — Port. — Arsenal. — Départ de la flotte pour la conquête d'Alger. — Madame de B.... — Sa mort.

Hyères.

Lorsque mon médecin m'ordonna d'aller passer une saison à Hyères, j'étais tellement persuadé qu'il voulait dire les îles d'Hyères, que sur ma route, et même à Toulon, je demandais des renseignements sur les *îles d'Hyères* : ce n'est que dans cette dernière ville qu'on me fit comprendre, à ma grande surprise, que les malades n'allaient jamais aux îles sinon à titre de simple promenade ou de pure curiosité.

On se trompe donc généralement lorsqu'on nomme

îles d'Hyères (1) le petit pays où viennent les souffreteux ; c'est la ville proprement dite qu'il faut désigner, et les riches vallées qui l'avoisinent.

Les îles, dont on n'est éloigné que d'une lieue, sont occupées par un commandant militaire, des vétérans, des garde-côtes et quelques postes de douaniers. On y voit encore les restes de quelques vieux châteaux forts. Elles furent autrefois couvertes d'épaisses forêts de sapins et de chênes-liéges, qui depuis un siècle ont disparu. De nos jours le sol est peu fertile ; les familles en petit nombre qui les habitent ne récoltent point assez pour leur subsistance ; aussi les hommes, presque tous anciens marins, sont d'intrépides pêcheurs. La température n'est pas aussi douce qu'à Hyères ; les oliviers qu'on rencontre çà et là sont d'une mauvaise venue. On y

(1) Elles sont au nombre de trois : Porquerolles, Port-Croz et l'île du Titan ou du Levant. Elles portaient anciennement le nom de Stoechades ; la presqu'île de Gien communique à la terre par deux chaussées étroites, de trois quarts de lieue, dont l'une est abritée de beaux sapins dans toute sa longueur. On accourait autrefois d'Italie, de la Grèce, et même d'Egypte, chercher dans ces îles des plantes médicinales, qui jouissaient d'une grande réputation.

Les parfumeurs du midi viennent chaque année, au moment de la floraison, faire d'abondantes récoltes dans les îles et sur les hautes montagnes qui entourent la ville. Ces plantes si renommées portent avec elles une odeur d'ambroisie qui doit surpasser les parfums de l'Arabie.

voit en revanche de belles couleuvres et de magnifiques lézards inoffensifs.

La ville fut d'abord construite sur un rocher très-élevé, d'un accès difficile. Cependant, à mesure que la plaine cessa d'être exposée aux ravages des flibustiers d'outre-mer, les habitants d'Hyères descendirent peu à peu de la montagne ; ils en occupent aujourd'hui le versant septentrional, celui qui regarde les îles et la mer, dont la plage est unie, couverte d'un sable doux et fin, sur lequel le flot dépose une grande variété de coquillages.

Dix à douze vieilles tours, d'une construction qui remonte aux temps les plus anciens, couronnent encore la cime du rocher ; ce sont les seuls vestiges d'un ancien château, *nobile castrum Arœarum*, dont elles attestent la haute antiquité (1). Que de récits fabuleux circulent encore dans le pays !

Il faut entendre les vieilles bonnes femmes conter mystérieusement aux veillées les histoires *véritables* qu'elles tiennent de leurs grand'mères : les unes parlent de la tour, d'où s'échappent encore de sourds gémissements à certaines époques de l'année ; elles assurent

(1) M. Alphonse Denis, ancien officier, ancien député et maire d'Hyères (dont il est l'un des plus riches propriétaires), a publié sous le titre de *Chroniques Provençales* un ouvrage écrit avec une grande élégance et une grande pureté de style, mais surtout remarquable par les recherches inouïes qu'il a dû coûter au savant naturaliste.

les avoir entendus ; d'autres affirment avoir vu sur les ruines de l'ancien couvent la grande ombre de l'abbesse d'Almanare, dont l'apparition se renouvelle pendant les nuits d'orage.

La ville haute est généralement mal bâtie, mais l'aspect en est cependant agréable. Elle présente une sorte d'amphithéâtre qui plaît à l'œil ; toutefois des rues tortueuses, étroites et raides en rendent le séjour peu commode : aussi est-ce dans la partie basse que logent les étrangers. Les maisons le plus *confortablement* disposées sont celles de Mmes Fills, Garagnon, Camusat, de M. Fitily, et celle de M. de l'Epine, à Carqueraine, sur le bord de la mer. Quant aux hôtels, ceux de l'Europe et d'Angleterre me paraissent le mieux tenus.

Le petit pavillon que j'habite est situé au milieu d'un jardin d'orangers à la fois couvert de fleurs et chargé de fruits ; alors qu'on grelotte à Paris, chaque matin j'ouvre mes fenêtres, et je jette mes rideaux en dehors pour tempérer l'ardeur des rayons du soleil de *mars*.

Tandis que la ville d'Hyères se trouve abritée des vents du nord par la haute montagne qui domine de ce côté-là, d'autres montagnes semblent placées tout exprès à sa droite, comme à sa gauche, pour faire changer de direction les vents d'est et d'ouest, seuls inconvénients de cette belle partie de la Provence (le dernier surtout si connu sous le nom de Mistral). Il résulte de cette heureuse disposition de la nature que le seul vent qui souffle à Hyères est celui du midi ; il y arrive glissant sur la mer ; en hiver il y apporte une douce chaleur, qui, chaque jour vers midi, semble destinée à modifier une température constante de 20 à 25 degrés.

Le séjour d'Hyères est avec raison recommandé aux malades, surtout à ceux qui sont menacés ou atteints de maladies de poitrine. On lit dans le *Voyage aux Alpes maritimes* de M. Fodoré, professeur de médecine à la faculté de Strasbourg :

La ville d'Hyères, éloignée de la mer d'une lieue, pourrait, sous certains rapports, obtenir la préférence des phthisiques, et paraîtrait même un peu plus chaude en hiver, et moins exposée que celle de Nice aux variations brusques de la température. Ainsi que tous les climats où la chaleur favorise la transpiration, les habitants d'Hyères ne sont sujets, ni à la goutte, ni aux rhumatismes, ni à l'asthme, et les étrangers qui se trouvent attaqués de ces maladies et qui viennent y passer l'hiver sont presque sûrs, de même que sur le littoral des Alpes maritimes, d'y éprouver un grand soulagement. L'absence des pluies et des brouillards, et l'exercice qu'on peut faire tous les jours dans cette saison au milieu d'une belle végétation rendent certainement ce séjour très-recommandable.

On dit que souvent les médecins envoient trop tard leurs malades dans ce climat bienfaisant. J'en citerai un cruel exemple qui porta le deuil dans le cœur de tous ceux qui virent arriver vers la fin de la saison une jeune femme d'une beauté éclatante. Nous nous refusions tous à la croire réellement malade; mais sa fin était déjà marquée.. ; je détourne ma pensée de ce douloureux épisode.... vous en trouverez le récit plus loin.

Je reprends :

A Hyères, de même qu'aux eaux thermales, on voit arriver chaque année des personnes vraiment endolories, et quelques-uns aussi de ces ennuyés dont les médecins sont bien aises de se débarrasser, au moins momentanément. Cependant il s'y trouve parfois des malades chez qui les sources de la vie sont tellement épuisées qu'ils ne viennent à Hyères que pour voir finir leurs longues souffrances. La situation ravissante de ce pays convient surtout à ces maladies organiques de la poitrine qui exaltent l'imagination et la portent vers une douce mélancolie ; aussi ne rencontre-t-on que bien rarement à Hyères ces dandys, grands chercheurs d'émotions, que la saison des plaisirs retient habituellement dans les centres populeux ; car c'est aux approches de l'hiver que cette espèce d'oasis se peuple d'étrangers, de ceux qui fuient les distractions animées des villes, et s'en éloignent pour venir respirer dans le calme et la solitude, si salutaires aux santés éprouvées par la vie souvent trop laborieuse des grandes cités.

Les amateurs de distractions bruyantes se trouvent

donc en bien petit nombre à Hyères ; c'est plutôt à Nice qu'ils dirigent leurs pas ; toutefois aucun voyageur ne saurait traverser la Provence sans venir explorer la délicieuse *campagne d'Hyères.*

Bien que la température soit à peu près la même depuis les îles d'Hyères jusqu'à l'embouchure du Var, la contrée proprement dite d'Hyères l'emporte sans contredit sur tous les points de la côte ; circonscrite par quelques groupes alpestres qui l'abritent, ainsi que je viens de le dire, de trois côtés, elle permet toujours d'y rencontrer de la chaleur qui, dans certains jours du printemps, ne serait même pas supportable si d'ingénieuses irrigations qui la parcourent dans tous les sens n'y apportaient une fraîcheur qui en fait le séjour le plus délicieux du *monde.*

J'étais allé à Hyères plutôt par curiosité que par besoin ; aussi ne manquai-je pas de me joindre aux plus valides pour explorer le pays, et ce n'est qu'après avoir tout vu que je rentrai dans la vie quasi-claustrale qui convient aux valétudinaires, adoptant plus particulièrement le cercle dans lequel je trouvais des goûts plus conformes aux miens.

Dès-lors mes promenades furent hygiéniques, c'est-à-dire qu'elles avaient un double but, celui de la santé, puis des causeries ; car dans nos différens lieux de réunions chacun apportait son contingent de nouvelles.

Si les promenades bienfaisantes à travers les orangers

en fleurs ravissent ceux qui viennent ici pour jouir d'un climat tempéré, quel spectacle plus ravissant encore les attend lorsqu'ils veulent explorer les alentours, *ce parterre dans lequel la bouquetière Clysèra se perdrait, voyant une si grande abondance de fleurs*, a dit un vieil historien.

Lorsqu'on a réussi, par exemple, à gravir le sommet de la montagne appelée *le Pic des Oiseaux*, qui domine toutes celles du voisinage ; à la vue d'un si vaste horizon on est saisi d'un saint respect ; il faut quelques instants pour asseoir ses sens étonnés. Si le ciel est pur, vous découvrez, au nord, la chaîne des Alpes, dont les pics sont couverts de neiges éternelles, et en même temps, à l'aide d'un bon télescope, vous pouvez apercevoir au midi la cime des plus hautes montagnes de la Corse, dont vous êtes à plus de soixante lieues.

Les îles d'Hyères semblent à vos pieds comme des points anguleux, au milieu de cette mer presque toujours couverte de navires. Les flancs déchirés de la côte de Provence se dessinent en baies et en promontoires, aux angles desquels on distingue les forts et les redoutes destinés à la défense du pays.

La rade d'Hyères est sûre et tellement vaste que souvent les escadres qui stationnent à Toulon viennent évoluer dans ce beau bassin. Alors un grand nombre de curieux accourent de toute la Provence pour jouir de l'imposant spectacle qu'offre ces simulacres de de combats maritimes très-animés.

Du côté des montagnes vous distinguez par intervalles le Gapeau et son lit tortueux ; tantôt c'est un joli ruisseau qui murmure paisible à travers les rochers détachés de la montagne, tantôt il s'enfle avec rapidité par suite de quelque orage qui aura éclaté dans les monts où il prend sa source : alors c'est un torrent impétueux roulant d'énormes galets dans ses ondes écumeuses. Souvent il laisse des traces cruelles de son passage, et ses débordements imprévus surprennent le tranquille habitant de la vallée. Ces temps d'orages, nous ne les connaissons pas à pareille époque de l'année; aussi les ombrages frais des bords riants du Gapeau sont-ils très-fréquentés. Trois ou quatre cascades, ouvrages parfaits de la main des hommes, semblent, au milieu des sites rustiques, faire partie d'une habitation royale... Mais bientôt les énormes rochers suspendus sur vos têtes, le chant des chevriers, la clochette de la vache nourricière, vous disent où vous êtes, et vous admirez avec quel art ces ouvrages arrêtent un moment le cours des eaux qui, par d'ingénieux déversoirs, vont arroser les plaines qu'un soleil brûlant rendrait stériles.

Toulon, sa belle rade, ses arsenaux, son port magnifique chargé de vaisseaux qui n'attendent qu'un signe télégraphique pour sillonner la Méditerranée dans tous les sens, vous présentent l'aspect le plus majestueux (1).

(1) La celérité des communications télégraphiques est inouïe. Lorsque l'atmosphère est pure sur toute la ligne, une dépêche pressée peut arriver de Paris à Toulon en moins de quarante minutes (207 lieues) par le télégraphe ordinaire ; mais quelle instantanéité lorsque la ligne électrique joindra Paris à Toulon ! !

Mais contemplez cette haute montagne, si aride, qui domine la ville ! Elle fut inaccessible aux foudres de la guerre, jusqu'à ce qu'un chef de bataillon d'artillerie eût conçu et exécuté le projet gigantesque d'y transporter des canons... Le succès justifia ses prévisions : Toulon foudroyé se rendit, et les représentants du peuple prédirent à la Convention nationale que le jeune *Bonaparte ferait rapidement son chemin*... On regarde et l'on pense !...

Quel charmant tableau vient reposer plus paisiblement l'imagination et la vue... ; six mille maisons de campagne (appelées Bastides), sont à vos pieds ; elles se détachent au milieu des jardins d'orangers comme autant de blanches marguerites qui décorent un riche tapis de verdure.

Ce mélange de tant de feuillages divers, dont les teintes sont variées à l'infini, est quelque chose d'admirable ; à côté du triste et pâle olivier s'élève le pyramidal et ténébreux cyprès ; çà et là on voit se balancer majestueusement quelques palmiers aux rameaux toujours verts.

Au milieu des riches vallées qui séparent les montagnes vous pouvez suivre de l'œil les milles sinuosités des ruisseaux ; tous sont ombragés par le laurier-rose et l'élégant arbousier.

Dans la plaine on reconnaît les clôtures diverses à ces lignes composées de lauriers-thyms, de myrtes, de rosiers, de chèvrefeuilles, surtout de grenadiers, dont le pays abonde.

Sur un tertre assez élevé, mais qui, du point où vous vous trouvez, semble se confondre avec la plaine, vous distinguez une église : elle est desservie par un pasteur qui occupe quelques cellules, ce qui donne à l'ensemble l'apparence d'un petit cloître. Cette église, dédiée *à la Vierge de Notre-Dame-de-Bon-Secours*, est ornée de quelques tableaux assez précieux ; ils proviennent de la munificence d'âmes pieuses.

Dans les chapelles latérales, on remarque une infinité de peintures grossièrement faites ; toutes retracent le souvenir des périls auxquels ont échappé les personnes qui en ont fait l'offrande à la Vierge qu'ils ont invoquée à l'heure du danger. On y voit de même un grand nombre de béquilles laissées par ceux qui ont recouvré, sous ce climat, l'usage de leurs jambes ; des mâchoires d'énormes crustacées tués au moment où les navigateurs allaient devenir leur proie ; des débris de vaisseaux sur lesquels des marins échappèrent aux naufrages, etc., etc... Tous ces *ex-voto*, respectés pendant la révolution, témoignent de la piété des habitants du pays, qui les préservèrent dans ces temps de destruction.

Plus loin, et dans la même direction, vous découvrez les belles salines, distantes de la ville d'environ une lieue. Du haut de la montagne on dirait un vaste échiquier dont les cases sont quelquefois d'un blanc de neige. Ce phénomène se produit au moment où l'eau de la mer entièrement évaporée laisse au fond des casiers un sel blanc dont les innombrables facettes reflètent à l'infini les rayons du soleil.

Quand vous quittez le sommet de ces montagnes couronnées de sapins et de chênes verts, pour gagner la plaine, vous vous trouvez bientôt au milieu de plans inclinés tapissés de lavande, de thym, de serpolet, de cityse mêlés à de belles bruyères, et à une variété innombrable d'autres plantes odoriférantes sur lesquelles viennent sans cesse butiner les mouches à miel.

Que de petits ponts il vous faut traverser encore! car toutes les sources qui s'échappent du flanc de la montagne sont dirigées avec autant de succès que d'art, pour servir à l'arrosement, dans toutes les directions, des jardins nombreux, dont la verdure éternelle triomphe du soleil le plus ardent de l'été.

Je ne parlerai pas de ces environs délicieux de la ville, où se rendent, soit à pied, soit sur des ânes, les valétudinaires, qu'attire la douceur du climat : quelle description pourrait en donner même une idée? Au nombre des personnes qu'on voit ordinairement à Hyères, quelques-unes ne font que passer, elles se rendent en Italie ou bien en reviennent (1). C'est un besoin pour elles de jouir de l'aspect offert par cette contrée, vraiment

(1) Hyères se trouve à 2 kilomètres sur la droite de la route de Toulon à Nice.

unique en Europe, à cette époque de l'année ; elles y passent habituellement cinq ou six jours pour avoir le temps d'explorer les alentours. Il n'est personne qui ne quitte à regret ce pays, et n'exprime le désir d'y revenir passer un hiver.

Les curieux ne manquent pas de visiter les beaux jardins de Mme de Beauregard, de Mme Fills, celui de M. le chevalier de Boutiny, ancien officier de marine, dont l'habitation ressemble assez à l'intérieur d'un vaisseau. Pour ajouter singulièrement à l'illusion, M. de Boutiny a fait élever plusieurs mâts dans son enceinte ; vue de loin, on dirait un navire à l'ancre. Dans certains jours de solennité, les cordages se couvrent de pavillons de toutes couleurs, qui ne s'élèvent au pavois qu'après le signal d'usage sur les vaisseaux : ainsi, au coup de canon tiré de son tillac simulé, tous les mâts se parent à la fois de leurs insignes de réjouissance. Ce bon chevalier donnait souvent ce petit divertissement au maréchal Gouvion Saint-Cyr, qui vint terminer paisiblement sa vie sous le beau ciel de la Provence.

Mort du maréchal de Saint-Cyr.

M. le maréchal de Saint-Cyr mettait alors la dernière main à ses mémoires.

Le jour de sa mort, il se promenait encore dans son salon ; il parlait de Napoléon, il citait un de ses entretiens familiers avec lui. « Ah ! l'empereur!... disait-il avec émotion, l'empereur !... l'empereur !... »

A mesure qu'il répète ce mot, sa prononciation s'embarrasse davantage. M. Fayel, son secrétaire, le regarde, et déjà ses traits se décomposent : on arrive au secours... Toutefois, le maréchal conserve encore sa présence d'esprit, mais ses forces s'épuisent sensiblement ; la paralysie semble avoir suspendu ses facultés intellectuelles, au moment où un doux souvenir occupait ses esprits... Depuis cet instant fatal, chaque fois qu'il n'a pas à répondre aux questions de ceux qui l'entourent, il semble se recueillir, vouloir achever sa narration, et le nom de l'empereur s'échappe de ses lèvres... Mais la dernière heure de cette illustration vient de sonner... ; le nom de son général..., de son ami, monte avec sa belle âme vers l'éternité !...

Personne n'oserait quitter Hyères sans avoir visité le bel hôtel de M. le baron Stulz (1), qui s'est fixé dans ce pays. Ce riche étranger a dépensé des sommes énormes pour l'ameublement de ses appartements d'honneur : son salon principal lui coûte plus de 50,000 fr. en glaces et en ornements ; c'est une magnificence.

Le baron fait avec faste les honneurs de chez lui ; il met d'ordinaire ses riches équipages et son hôtel à la disposition des étrangers de distinction qui passent dans le pays.

Parmi les malades qui, comme moi, sont venus cette année ici, pour y chercher la santé, ou du moins un sou-

(1) Aujourd'hui la propriété de M. Alphonse-Denis

lagement à leurs maux, il en est quelques-uns qui fuient le choléra. Ce pays ressemble tout-à-fait à une colonie ; nous avons des Français de tous les points de la France, des Anglais, des Allemands, des Italiens, et quelques Polonais.

Nous possédons l'aimable Boïeldieu, dont une longue maladie suspend la verve musicale. Cet homme, d'un esprit remarquable, apporte dans ses rapports sociaux un bon ton, des manières douces, même mélancoliques, qui donnent un charme tout particulier à sa conversation ; son fils Adrien est un jeune homme qui soutiendra la belle réputation de son père.

L'infatigable Théaulon est aussi des nôtres ; malgré une santé affaiblie par le travail, on le voit chaque jour, sur sa petite terrasse surmontée d'une tente, souriant à ses inspirations lyriques.

M. le comte Auguste de Talleyrand, vrai souvenir vivant des beaux temps de l'empire, vient pour la quatrième année à Hyères, dont le séjour ranime évidemment chaque fois sa faible santé.

On ne se lasse pas d'entendre ce conteur aussi spirituel qu'aimable.

Toute la famille de Vaufreland forme à elle seule une véritable colonie ; deux fois la semaine nous explorons les environs, et au retour, c'est Paris qui semble transporté dans leurs salons... ; mais Paris avec tous les charmes d'une société choisie, exquise. Deux toutes jeunes filles en font le plus gracieux ornement : elles promettent d'être un jour de ravissantes personnes (1).

Puis au nombre des étrangers de distinction, je dois citer le prince de Dietrischtein, frère du gouverneur du duc de Reischtadt. Son érudition est prodigieuse. Il connaît à fond les hommes et les choses. Nous passons souvent de longues heures ensemble à parler du jeune Napoléon.

Il me contait, entre autres faits, comment il avait mis, en certaine occasion, toute la police de France en émoi. « Il y a quelques années, me dit-il, je me rendais à Paris avec un jeune parent à moi (Thalberg le grand pianiste). Lors de mon passage à Strasbourg, il me fallut déclarer mon nom. J'annonçai l'intention de continuer dès le lendemain ma route sur Paris. Il est probable que mon équipage, qui se composait de deux voitures et de plusieurs domestiques, excita la curiosité, voire même la méfiance de l'autorité strasbourgeoise; car, à peine étais-je parti, qu'on se hâta d'avertir le gouvernement par le télégraphe : on donna le signalement du jeune homme qui m'accompagnait, signalement, il est vrai, semblable en tout point à celui du roi de Rome, jusqu'à la date même de leur naissance. Aussitôt des émissaires furent envoyés sur toute ma route; je ne

(1) Elles ont tenu parole.

cessais d'être importuné à chaque station par des gens qui, sous mille prétextes, parvenaient toujours à voir mon jeune homme. Ces étranges obsessions m'accompagnèrent jusqu'à Paris. Notre ambassadeur, qui m'attendait, put rassurer alors le gouvernement si épouvantablement alarmé; et c'est ce que n'avaient pu faire toutes mes protestations.

Cette année on s'entretient bien de quelques petites aventures, qu'on dit être tant soit peu scandaleuses; car ici, comme partout où l'on se rencontre souvent pour ne plus se revoir, il règne une sorte de liberté d'observation qui va jusqu'à la licence, effet naturel du désœuvrement; mais après tout la partie anecdotique en ce genre offre peu d'intérêt. D'ailleurs je hais la médisance; puis, à quoi bon troubler la sécurité de quelques maris confiants, qui envoient leurs femmes, souffrantes sous le toit conjugal, chercher la santé aussi loin! A quoi bon éveiller la jalousie de quelques tendres épouses qui ne peuvent accompagner ici leurs maris! Je déclarerais donc, au besoin, sans crainte d'être démenti, que pendant cette saison il ne s'est rien passé qui ait raisonnablement donné lieu à de malins propos, et ce en dépit du passage à Hyères de plus de cent jeunes officiers des beaux régiments de chasseurs d'Afrique.

Le séjour d'Hyères est plus agréable que celui des eaux thermales; une température douce, le printemps à l'époque de l'hiver, les primeurs deux mois avant qu'elles paraissent sur la table de nos Lucullus de Paris : bref, les petits pois en février, les fraises en avril, les asperges et les artichauds tout l'hiver, voilà pour les gastronomes.

Ainsi qu'aux eaux, l'emploi de la journée se divise en promenades et en réunions dans les salons. Il n'est pas de jours qu'il ne parte de la ville plusieurs cavalcades à ânes, dont la marche lente et cadencée, mais sûre, tranquillise ceux qui se font transporter jusqu'au sommet des plus hautes montagnes.

La proximité de Toulon est d'une grande ressource pour les personnes qui aiment les cercles nombreux. C'est une ville de plaisirs, surtout en hiver : la société y est choisie, et pour peu que les valétudinaires d'Hyères soient gens du monde on les y accueille avec beaucoup d'affabilité.

L'affluence des bâtiments qui arrivent à Toulon du Levant, de l'Égypte, de la Grèce, de l'Algérie, des côtes de l'Italie ou qui se disposent à mettre à la voile pour ces différentes contrées donnent à ce beau port une animation merveilleuse.

Départ de la flotte pour la conquête d'Alger.

On cite à Toulon, comme spectacle unique en son genre, l'époque du départ pour Alger de la flotte française alors réunie dans les deux rades et le port.

Outre les nombreux états-majors de terre et de mer, ainsi qu'une immense quantité d'employés des différentes administrations qui encombraient les rues de Toulon, il y était accouru de toutes les parties de la France une foule innombrable de curieux, qu'attirait cette expédition si audacieusement entreprise. Les hôtels, les maisons particulières étaient au comble ; et pendant plus de dix jours que l'escadre resta en partance un grand nombre de ces étrangers couchaient n'importe où. Les uns passaient la nuit sur les places ou sur les quais, d'autres s'enfermaient dans leurs voitures alignées sur les lieux où ils avaient obtenu de stationner. Les uns et les autres vécurent on ne sait trop comment ; car à peine ceux qui avaient trouvé place dans les hôtels parvenaient-ils à obtenir quelques aliments; maîtres d'hôtels et domestiques, tous perdaient la tête ; c'était à vrai dire un pillage.

Mais un spectacle bien plus extraordinaire encore était de voir ceux qui, refoulés de Toulon et des villages voisins où ils n'avaient pu trouver où reposer leur tête, s'étaient établis sur les hauteurs qui dominent la ville, ainsi que sur tous les points culminants de la rade, afin de ne pas manquer le moment du départ. Vers le soir les feux de tous leurs bivouacs s'allumaient de toutes parts : ils étaient en si grand nombre qu'on eût cru voir des armées en position.

D'un autre côté la rade est tellement pleine de bâtiments que les canots qui voguent sans cesse au milieu de tant de vaisseaux semblent glisser sur des canaux à travers les rues d'une ville flottante. Plus tard, et au moment où chacun, fatigué des affaires ou des promenades de la journée, cherche enfin le repos, cent musiques militaires font entendre leurs mâles accents. Cette harmonie guerrière vient de la rade. Alors les quais, les maisons qui les bordent sont couverts de curieux. On écoute en silence les marques d'une allégresse si généralement partagée, et longtemps après que les derniers sons ont frappé l'oreille on écoute encore : entendus de loin ils semblent dire l'impatience de nos jeunes guerriers, dont la bouillante ardeur accuse le ciel de retenir les vents favorables. Un jour, me disait un témoin de ce spectacle, un jour la musique de l'un des vaisseaux les plus rapprochés du port exécutait le chœur des guerriers dans *Armide*. L'illusion était complète, les trombonnes tonnaient les reproches adressés à Renaud par les siens ; et, avec un peu d'imagination, on eût pu croire le vaisseau de notre impétueux amiral entouré de barques chargées de guerriers qui tous venaient lui reprocher une coupable inaction. De quels rêves fantastiques l'imagination ne se plait-elle pas à se bercer dans le silence de la nuit!...

Le bel hôtel de la préfecture maritime, dont l'amiral Rosamel fait si splendidement les honneurs, réunit chaque semaine les autorités civiles et militaires, ainsi que les notabilités de Toulon et de toute la contrée. La ville d'Hyères n'est point oubliée.

Quel coup d'œil admirable offrent ces sortes de réunions! Quel singulier contraste entre l'aspect sévère et imposant des trophées militaires qui décorent ces vastes salons, et l'ensemble des toilettes élégantes de tant de jeunes et jolies danseuses! Comme la vue est agréablement frappée par cette multitude d'officiers de terre et de mer, du génie maritime et des diverses administrations, dont les uniformes étincellent pour la plupart de riches broderies !

Cette tenue militaire porte avec elle quelque chose de grave qui concourt à donner aux fêtes du préfet ce caractère chevaleresque dont on ne se fait aucune idée dans nos villes de l'intérieur. Ajoutez à cela que toutes les danses ont lieu au son d'une musique guerrière, harmonie qui s'allie si bien avec le lieu de la fête.

Le duc d'Orléans, qui, à son passage à Toulon, voulut bien accepter la belle fête que lui donna le préfet maritime, ne put s'empêcher d'exprimer son extase à la vue d'une si brillante réunion.

Souvent, à la fin d'un bal, on a vu des officiers de marine qui venaient de figurer au même quadrille, se séparer pour mettre à la voile au point du jour. Ils prendront des directions opposées : les uns partent pour le Levant ; ceux-ci, en passant près de la Corse, iront toucher le berceau de Napoléon ; tandis que les autres, qui entreprennent le long voyage des mers du Sud, descendront au rocher de Sainte-Hélène pour saluer la tombe du grand homme.

Que de souvenirs de gloire et de désastres ! ! ! Que de siècles entre sa tombe et son berceau ! ! !...

Madame de B.....

La jeune femme arrivée à Hyères vers les derniers temps de la saison se nommait Mme de B.... A la voir si fraîche et si belle on eût dit qu'elle jouissait d'une santé florissante, et je me demandais le motif qui l'amenait si tard dans cette contrée, lorsque le docteur Alègre me déclara que cette santé si éblouissante allait se flétrir à vue d'œil, et qu'avant quinze jours elle aurait cessé de vivre.

Je m'efforçai de douter de cet affreux pronostic, et en contemplant tant de charmes réunis, je repoussais même jusqu'à l'idée d'une maladie sérieuse.

Eh bien ! à vingt-trois ans Mme de B... était déjà condamnée pour une maladie de poitrine dont ni les secours de la science, ni le dévouement maternel, ni les soins de la plus pure amitié ne pouvaient arrêter les progrès. Accompagnée de sa mère, qui ne s'abusait pas sur l'état désespéré d'une fille qu'elle idolâtrait, Mme de B... avait la double consolation des tendresses maternelles et des grâces d'un fils unique à peine âgé de six ans. Cet aimable enfant, lui aussi, connaissait le destin de sa mère. Il pleurait, mais en secret ou dans le sein de son aïeule, et avec cet instinct filial qui dévance les années, il n'abordait jamais sa mère que dans l'intention de l'égayer, et il détournait avec une adresse surprenante toutes les idées qui pouvaient l'attrister...

Chaque jour cette intéressante famille faisait une promenade limitée par ordre du bon docteur *Alègre*, qui savait toujours trouver un prétexte pour la rendre moins longue, sans que la malade pût en soupçonner la cause ; mais elle ne tarda pas à la deviner.

La première fois que je l'avais rencontrée, c'était peu de jours après son arrivée à Hyères : le tableau qui s'offrit à mes yeux me frappa d'admiration. C'était non loin de leur délicieuse demeure, sur le bord du canal qui en arrosait les jardins, la mère et la fille étaient assises sur le revers d'un talus en gazon ; des coussins, une petite table sur laquelle se trouvaient des albums, composaient une sorte d'établissement, abrité par un vaste parasol qui avait la forme d'une tente.

Le jeune enfant faisait une ample moisson de fleurs qu'il accourait à chaque instant déposer aux pieds de sa mère ; de tendres baisers récompensaient chaque voyage.

Après avoir admiré ce charmant groupe sans être aperçu, je m'approchai de ces dames, et bientôt la conversation devint aisée, ainsi qu'il est d'habitude entre gens du monde, dans ces lieux surtout où l'on est destiné à se voir souvent, et où l'on sent le besoin d'abréger le cérémonial ordinaire.

Tout en Mme de B... excitait la plus vive sympathie : aux prestiges d'un extérieur qui réunissait tous les dons, elle joignait une douceur et une beauté angéliques ; il y avait dans sa voix une certaine mélodie qui portait à l'extase.

La cruelle maladie dont elle était atteinte était parvenue à ce point qui semble ranimer pour la dernière fois toutes les facultés morales ; on dirait que la nature fait un dernier effort pour rendre plus affreuse la séparation entre la vie et l'éternité.

Je ne tenterai pas de peindre tout se qui se passa en moi

dès ce moment ; mais s'il eût fallu ma vie pour prolonger la sienne, je l'eusse donnée sans considérer cette action comme un sacrifice...

Quelques jours se passèrent ainsi. J'étais exact aux heures des promenades ; j'apportais mes livres et mes crayons ; mais bientôt il fallut borner la promenade à l'intérieur des jardins. J'y fus invité, puis dès-lors admis dans l'intimité de la famille.

Confident des terreurs de la mère, je lui devenais nécessaire pour la remplacer quelquefois dans les moments où elle interrogeait à part le docteur, et aussi pour cacher à sa fille les larmes qu'elle répandait si souvent en secret.

Ce que m'avait dit le docteur avait fait naître en moi mille impressions qui toutes m'attiraient vers cette belle créature ; et il me semblait que plus mon attachement pour elle prendrait de force, moins le mal cruel qui la minait oserait exercer de ravages.

Mais, hélas ! chaque jour mon cœur recevait une atteinte profonde ; car chaque jour Mme de B... s'inclinait visiblement vers la tombe.

Eh bien ! c'est avec la triste assurance de cette fin prochaine que mon âme se livra tout entière. C'est la certitude même de ne pouvoir l'arracher à la mort qui développa dans leur plus intime énergie tous les sentiments dont mon cœur était susceptible.

Ce n'était point de l'amour que j'éprouvais... c'était une chaste passion... Je l'aimais comme l'enfant aime la Vierge sainte qu'il remercie chaque soir d'avoir veillé sur le toît paternel.

Elle ne tarda pas à me juger, et je dirai bientôt la preuve délicate qu'elle me douna de ses sentiments pour moi ; mais n'anticipons pas ; en ce moment où je retrace de si pénibles souvenirs, je ne puis me défendre d'une vive émotion.

Récit de Madame de B... Sa mort.

Un jour, qu'elle se sentait bien mal, elle me dit ces paroles que j'entends encore :

« Je ne m'abuse pas sur mon état,... je sais qu'il me
« reste peu de temps à vivre... Dieu, que je n'ai jamais
« offensé, m'appelle à lui..., je me soumets sans mur-
« murer... La Providence vous a conduit à moi, je l'en
« remercie, car elle vous a désigné pour m'assister aux
« approches de ce moment suprême... Vous m'écouterez.

« n'est-ce pas, mon ami?... J'ai besoin de vous. Votre
« excellent cœur m'est connu... ; je compte sur lui... »

Pauvre femme ! elle me déchirait l'ame... Je n'avais pas le courage de répondre ; mes larmes inondaient mes joues... Plusieurs fois j'avais voulu l'interrompre ; mais un geste expressif me commandait le silence... Elle semblait avoir retrouvé toute son énergie, et il y avait dans sa voix et dans les expressions dont elle se servait quelque chose de sublime qui tenait de l'inspiration.

« Aujourd'hui... en ce moment, dit-elle, j'ai la force
« de vous apprendre tout ce que vous, mon ami, vous
« seul devez connaître ; car j'ai besoin de déposer dans
« un digne cœur mes dernières pensées, mes der-
« niers souvenirs, mes regrets de quitter sitôt une vie
« que j'avais vouée à un ami pour lequel je voulais
« vivre.

» Vous allez juger, reprit-elle après un instant d'é-
« motion, de tous les malheurs qui m'accablent et me
« jettent trop tôt dans la tombe... Écoutez-moi en si-
« lence... J'espère vivre assez d'heures encore pour
« tout vous dire... ; écoutez. »

Mes impressions étaient si vives que cette femme, dont l'énergie croissait progressivement, était obligée elle-même de me calmer. Oh ! j'étais dans une angoisse affreuse.

« Il y a dix ans, reprit-elle, que mon père, jusque-là
« très-riche, fut tout-à-coup ruiné de fond en comble...
« Le fils d'un industriel opulent, dont les soins assidus
« me fatiguaient, offrit à mon père de lui venir en
« aide ; mais il demandait ma main... Mon père me
« consulta, me peignant l'horreur de sa position...
« J'adorais mon père, mon ami... et mon cœur ne
« balança pas... Il y allait de l'honneur de la famille...
« Il fallait sauver mon père !!

« Pour que vous puissiez vous faire une idée de l'é-
« normité du sacrifice que me coûtait mon obéissance,
« sachez que depuis quatre ans j'étais aimée..., que
« j'étais adorée du jeune marquis de M... et que je
« payais d'un entier retour ses tendres sentiments. Ma
« mère, ma bonne mère n'ignorait pas ce secret, elle
« approuvait nos vœux ; mais mon père, autrefois lié
« avec la famille du marquis, avait eu de justes motifs
« de rompre avec elle. Ma mère, qui connaissait la no-
« blesse du caractère du jeune Auguste de M..., espé-
« rait tout du temps. D'ailleurs Auguste était attaché à
« une ambassade ; son nom fut, en certaine occasion, ho-
« norablement cité dans les journaux, et ma mère, sai-
« sissant cette circonstance, n'avait cru remarquer chez
« mon père aucune irritation contre ce jeune homme.
« Elle avait cru pouvoir un jour hasarder quelques ré-
« flexions ; mais elles furent tellement repoussées que
« lorsqu'il fut question du mariage que désirait mon
« père, ma pauvre mère ne put que m'engager à la

« résignation. Auguste était à Rome... Ah ! s'il se fût
« trouvé à Paris !...

« J'épousai donc M. de B... Cette alliance, jointe à
« l'opulence qui régna dans notre maison, avait re-
« levé le crédit de mon père, auquel des spéculations
« heureuses, faites en commun, donnèrent la plus
« grande extension. Tout-à-coup, je ne sais quelle
« grande affaire vint à ne pas réussir; car, trouvant tou-
« jours des prétextes pour ne pas aller dans le monde,
« j'ignorais tout ce qui ne me touchait pas personnelle-
« ment. Une grande catastrophe enfin éclata sur nous,
« et mon malheureux père en fut instantanément
« frappé à mort. Mon mari dut s'exiler; ma mère et
« moi nous n'eûmes à opposer que des larmes à d'avides
« créanciers. Un parent de ma mère trouva le moyen
« de nous secourir en léguant à mon fils une partie de
« sa fortune; c'est ainsi que tous les trois nous existons,
« et avec d'autant plus d'aisance que nous ne sommes
« réellement plus de ce monde. »

La narration, souvent interrompue, l'avait fatiguée; cependant elle voulut continuer, dans la crainte, me disait-elle, de ne plus retrouver assez de force pour déposer dans mon cœur des confidences qu'elle ne pouvait plus faire qu'à moi seul.

Rassemblant ses derniers efforts, elle reprit : « Vous en savez assez maintenant pour que je puisse « vous ouvrir mon pauvre cœur en entier ; j'ai lu sur

« vos traits ce qui se passe en vous... Vous êtes un « ami sûr et digne de toute ma confiance... Vous me « rendrez le service que j'implore de vous.... Je veux « écrire une dernière fois à Auguste... ; une fois « encore avant de mourir... ; mes mains n'ont plus la « force de tenir une plume... Voyez... ah !.. mon ami..., « je sens que je meurs..., oui je meurs... et loin de « lui..., je meurs sans le revoir... Auguste !... »

J'avais l'âme déchirée..., j'étais dans un état que je ne saurais décrire... ; je voulus prendre la parole..., mais un signe de cette pauvre femme semblait me dire : « Silence..., car je meurs... »

Alors elle me tendit la main..., m'attira légèrement à elle, et me dit avec le sourire de la mort :.. « Ami..., « soyez courageux... je vous en prie..., approchez ma « table et écrivez... ; écrivez à Auguste... »

Obéissant, comme si l'ordre m'était donné par un ange prêt à retourner vers le ciel, je commençai la lettre suivante :

« Bon Auguste..., voici la troisième année que le son « de votre voix n'a frappé mon oreille... ; c'était un « sacrifice à mon repos comme au vôtre... Eh bien ! ce « sacrifice il était au-dessus de mes forces... Arrivée au « moment de paraître devant Dieu..., je ne puis te « cacher que je meurs pour toi... Auguste, tu as eu « toutes mes pensées pendant ma triste vie... ; celle

« que j'exprime ici... sera la dernière.... Je puis en-
« core la dicter aujourd'hui ; mais demain..., mais
« ce soir..., dans un instant peut-être, tout sera fini,
« je serai avec Dieu... »

En prononçant ces dernières paroles elle s'affaissa. Je crus effectivement qu'elle allait expirer ; mais, rappelant une énergie factice, elle me fit signe de continuer à écrire :
« Auguste, c'est M. M...... qui vous remettra lui-même
« cet adieu..., il vous portera un coffre, renfermant mon
« portrait, ainsi que celui que je traçai de vous sous les
« yeux de ma mère.... J'y joins mes cheveux. » Elle me fit signe de lui apporter des ciseaux et de les couper moi-même... ; je dus lui rendre ce douloureux service...
« Auguste, vous reconnaîtrez les cheveux de Marie...
« Mon Dieu..., mon Dieu..., ajouta-t-elle en fondant
« en larmes..., pourquoi n'est-il pas là..? Auguste, je
« te donnerais ma bénédiction... ; oui, je te bénirais...,
« Auguste..., car je suis pure, et Dieu me placera près
« de lui.... Je vais le prier pour toi..., Auguste...,
« Auguste..., adieu... ; vite..., vite..., que je signe... »
Et sa main essaya de tracer le nom illisible de Marie de B...

Au signe qu'elle me fit, je pliai la lettre..., j'attendais encore le vrai nom d'Auguste... « Ah ! son nom n'est-ce
« pas ?... Mettez le marquis de M... »

Ses forces étaient tout-à-fait épuisées, le moment

de l'énergie était passé, une grande faiblesse lui succèda.

J'appelai sa mère ; un instant après, un vénérable ecclésiastique qu'elle avait fait appeler plusieurs fois eut avec elle un entretien. Elle reçut avec le plus grand calme les secours de la religion. Cet acte de foi sembla la ranimer. Mme de B... demanda son fils qu'elle congédia lorsqu'elle l'eut tendrement embrassé... Elle fit signe à ses femmes de s'éloigner en s'efforçant encore de leur sourire, comme pour les consoler ; puis quelques paroles à peu près inintelligibles s'échappèrent avec son dernier soupir !.....

Cette mort lente avait aussi épuisé les forces de sa mère ; il me fallut prendre soin d'ordonner les devoirs funéraires.

Le clergé vint chercher cette dépouille mortelle... La ournée était magnifique... Seize jeunes filles vêtues de blanc portaient elles-mêmes la bière recouverte d'un linceul parsemé de fleurs. Le cortège eut à traverser un long bosquet d'orangers ; un grand nombre de convalescents se joignirent à cette pompe qui attristait tous les visages.

Tant que je restai à Hyères, il ne s'écoula pas un jour sans que le souvenir de cette intéressante et belle créature vînt me frapper au cœur.

Le marquis de M..., auquel je devais remettre les

tendres legs de Mme de B..., accourut de Rome, dès qu'il eut connaissance de la gravité de la maladie...

J'étais encore à Hyères, lorsqu'un matin il entra chez moi et se nomma...

Pauvre jeune homme... Depuis quinze jours Marie avait cessé de vivre !... La mère avait repris la route de Paris....; moi seul j'étais tout pour lui dans ce moment cruel.

Pendant quelques semaines qu'il voulut demeurer à Hyères, nous passâmes nos journées ensemble... ; il visita les lieux où je l'avais vue.... Enfin son devoir le rappelait en Italie... ; il s'éloigna, ou plutôt s'arracha de ces lieux funestes en me jurant une affection éternelle..., qui ne s'est jamais démentie.

SOUVENIRS

HISTORIQUES-ANECDOTIQUES.

Siége de Toulon (1793) — Le général en chef Dugommier. — Le chef de bataillon Bonaparte. — Le général anglais Ohara. — La Vendée en 1793. — Rossignol. — Carrier de Nantes. — Noyades. — Les généraux Kléber. Marceau. — Grouchy. — Hoche. — Biron.

Siége de Toulon

(EN 1793).

Il n'est pas hors de propos, à l'époque où je publie ces souvenirs, de rappeler en quelques mots un fait qui vient à l'appui de ce qui a été dit avec vérité, « que pendant » le régime affreux de la terreur, tout ce qu'il y avait » d'honnête et de brave s'était réfugié dans les rangs » de l'armée. »

J'ajouterai au récit rapide des événements du siège de Toulon ceux qui se passèrent dans la Vendée à la même époque (1793).

Le brave Dugommier commandait l'armée bien disciplinée sous les murs de Toulon.

Rossignol était chef des bandes révolutionnaires qui combattaient dans la Vendée.

La république française était livrée à la plus désastreuse anarchie dans son intérieur, tandis que ses quatorze armées tenaient en échec un ennemi vingt fois plus nombreux.

Cependant la Convention nationale, qui publiait quotidiennement les rapports des succès obtenus sur les champs de bataille, ne pouvait dissimuler nos pertes et nos revers.

A la lecture d'un bulletin qui annonçait une victoire, les sections enregistraient les noms de cette jeunesse ardente, jalouse de se joindre aux braves dont on venait de proclamer les succès. Chaque fois huit ou dix mille volontaires prenaient gaîment la route de nos frontières.

Mais lorsque par hasard une armée avait été forcée de reculer pour prendre une position plus forte, des rumeurs, des hurlements partaient des tribunes ; on criait à la trahison, on demandait la destitution du général, et souvent même sa tête.

Dans l'espoir de calmer les masses inintelligentes, qui finissaient par acquérir une funeste influence sur les délibérations de la Convention, cette grande assemblée nomma dans son sein des représentants du peuple avec mission d'aller aux divers quartiers-généraux pour surveiller les généraux eux-mêmes, rendre compte de leur conduite et les faire arrêter au besoin : leurs pouvoirs étaient illimités.

Quelques-uns d'entre eux, les plus fanatiques, arrivaient aux armées avec des idées arrêtées de tout renverser... de forcer la victoire... Ils imposaient des ordres inexécutables, et destituaient à tort et à travers.

Cependant de telles mesures entravaient presque toujours la marche naturelle des choses ; les groupes tumultueux qui assiégeaient chaque jour les abords de la Convention l'accusaient elle-même de faiblesse et même de trahison. Croyant en finir d'un seul coup avec ces énergumènes, elle déclara la patrie en danger (le 11 août 1793), et la formation immédiate d'une armée parisienne, qui fut aussitôt dirigée vers nos frontières.

Trois mille de ces volontaires demandèrent et obtinrent de se rendre à Toulon, avec six pièces de canon, pour foudroyer la ville, disaient-ils, et l'enlever d'assaut dès le jour de leur arrivée ; accusant les généraux Dugommier, Lapoype et Carteaux d'être de connivence avec les Anglais, qui occupaient la ville.

L'histoire nous a fait connaître comment la colonne, partie au nombre de trois mille hommes, se trouva réduite à deux ou trois cents lors de leur apparition devant Toulon. Ils réclamèrent en effet l'honneur de commencer la première attaque.

Cette troupe, aussi indisciplinée qu'inexpérimentée, devenait gênante au milieu de vieux soldats soumis à la discipline ; mais à la première affaire ils essuyèrent une bonne défaite, et demandèrent eux-mêmes leur incorporation dans les régiments : alors ils devinrent d'excellents soldats.

Sur ces entrefaites, des représentants arrivèrent à l'armée accompagnés de cent canonniers marseillais qui prétendaient s'emparer non-seulement de Toulon, mais de toute la flotte anglaise.

Dugommier, voulant donner une leçon à ces nouveaux venus, installa leur batterie, au poste qu'ils revendiquaient.

La leçon fut dure ; car leurs pièces furent démontées avant d'avoir pu lancer deux boulets, et les représentants du peuple durent s'estimer heureux d'avoir su se tirer de ce mauvais pas.

Les dispositions étaient prises pour commencer l'attaque générale : un conseil de guerre fut convoqué, dans le but de les rendre définitives. Les représentants du peuple qui assistaient naturellement à cette réunion émettaient des avis tellement absurdes que le chef de bataillon d'artillerie Buonaparte, en sa qualité de commandant en chef de l'arme, prit la parole avec une vivacité et une énergie qui étonnèrent les représentants.

« Mêlez-vous de vos affaires, citoyens, et laissez-moi « faire les miennes; ma grande batterie restera où je « l'ai placée; demain au point du jour je la démasque, « et je réponds sur ma tête du succès. »

Ce ton d'autorité imposa aux délégués de la Convention. Ils cédèrent, et Dugommier donna carte blanche au commandant d'artillerie.

Le succès fut complet, et le premier hommage revint à Dutheil, représentant du peuple, qui, dans son rapport à Bouchotte, ministre de la guerre, fit les plus grands éloges de Buonaparte, ajoutant *qu'il irait loin*.

Dès ce moment le général Dugommier et le représentant Dutheil accordèrent au commandant Buonaparte une si grande confiance qu'il dirigea seul tous les travaux du siège, qui assurèrent bientôt la reprise de Toulon et la fuite pour toujours de l'armée et de la flotte anglaise après avoir essuyé des pertes immenses.

Le 1er décembre 1793 (10 frimaire an II), il y eut devant Toulon un engagement très-sérieux, dans lequel, après des prodiges de valeur des deux côtés, les Anglais durent céder à l'opiniâtreté des grenadiers français, qui

4

restèrent définitivement maîtres d'une redoute prise et reprise plusieurs fois.

Le général en chef *Ohara* commandait en personne sur ce point ; et lorsque ses troupes durent se retirer, il tomba lui-même grièvement blessé.

Parmi ceux qui, les premiers, pénétrèrent dans la redoute, se trouvait un Allobroge, qui, reconnaissant un officier anglais au nombre des blessés, s'avançait pour lui plonger sa baïonnette dans le corps, lorsqu'un de nos grenadiers repousse énergiquement ce piémontais ; puis, secondé par quelques camarades, il transporte le blessé à l'ambulance.

Quelques jours après les quatre grenadiers sont recherchés et introduits chez le général en chef Dugommier, entouré de son état-major.

« Mes camarades, leur dit-il, voici sur cette table « soixante louis d'or que vous envoie le général an- « glais que vous avez tiré des mains d'un stupide pié- « montais qui voulait assassiner un ennemi blessé... « Prenez, prenez cet or, il vous appartient. » A ces mots les grenadiers d'un coup d'œil rapidement échangé se sont compris. L'un d'eux prenant aussitôt la parole : « Général, dit-il, d'une voix fortement accen- « tuée, mes camarades regarderaient comme une in- « jure l'offre que vous nous faites s'ils n'étaient con- « vaincus que vous vous acquittez en ce moment d'un « devoir... ; nous aussi nous remplirons le nôtre.

« Nous refusons cet or, mon général, parce que nous « n'avons fait que loyalement nous conduire envers un « prisonnier blessé. D'ailleurs les soldats de la répu- « blique ne se battent pas pour de l'argent. »

A ces mots le général Dugommier ne peut plus maitriser son émotion, il saute au cou de l'interprète d'aussi nobles principes, et tirant une poignée d'assignats..... « Bien.. très-bien, mes camarades... buvez à ma santé! » —A la bonne heure! répondent ensemble les quatre grenadiers... Vive notre général...!

Dugommier renvoya immédiatement les 60 louis au général Ohara, en les accompagnant de cette lettre :

Devant Toulon, le 20 frimaire an II de la république.

Le général en chef Dugommier, au général Ohara, fait prisonnier par les Français.

« On a présenté aux volontaires de la république l'ar- « gent que tu leur avais destiné pour reconnaître le « service qu'ils t'avaient rendu dans la journée du 10 « frimaire. Ils l'ont tous refusé avec la même généro- « sité qui t'a décidé à le leur offrir.

« Je t'envoie donc les 60 louis en or que tu avais « donnés pour être distribués à mes frères d'armes ; ils « se contentent du plaisir qu'ils ont eu à secourir l'hu- « manité malheureuse.

« C'est ainsi, général, que notre république se « fonde sur toutes les vertus et qu'elle fera rougir un « jour les peuples abusés qui la combattent. »

» Le général en chef, DUGOMMIER. »

Le style simple et fier de Dugommier vient à l'appui de cette vérité incontestable : que par ces malheureux temps *l'honneur français s'était réfugié dans les rangs de l'armée.*

Mais combien d'entre nos braves payèrent cher la droiture de leur caractère ! Les représentants du peuple aux armées, jaloux de la popularité dont jouissaient à bon droit les généraux, mettaient tout en œuvre pour les déconsidérer... Combien ne furent pas traduits, par ces délégués, à la Convention nationale, sous les prétextes les plus frivoles ! Heureux lorsqu'ils n'encouraient que la destitution et un emprisonnement plus ou moins long !

Mort du général de Biron.
La Vendée en 1793.

Reportons-nous vers les évènements qui avaient lieu alors dans la Vendée, à la même époque. J'y trouve la matière d'un assez curieux parallèle qui fera connaître de quel côté se trouvait l'honneur français.

Nous venons de juger le général en chef Dugommier commandant en chef une armée républicaine bien disciplinée, ayant à sa tête de vieux généraux et des chefs de corps que la démagogie conventionnelle n'avait pas encore décimés. Voyons, dis-je, ce qui se passait ailleurs dans la même période et jugeons.

Le général de Biron avait fait des prodiges de valeur dans la Vendée, dont il avait si bien commencé la pacification générale.... Les *Carrier*, les *Rossignol*, et autres démagogues ne lui pardonnèrent pas d'avoir accordé la vie et la liberté à une centaine de Vendéens qui s'étaient rendus à lui par capitulation.

Le brave Biron, incriminé à raison de ce fait honorable, fut appelé à Paris pour rendre compte de sa conduite. Ses amis voulurent le retenir; mais bien qu'il sût l'imminence du danger auquel il allait s'exposer, il n'exécuta pas moins l'ordre qu'il recevait.

Décrété d'accusation aussitôt son arrivée à Paris, il est mis en prison et immédiatement traduit devant le tribunal révolutionnaire. Les quelques paroles qu'il daigna prononcer, pour sa défense, décelaient la fermeté et la loyauté de son caractère : il fut condamné. Le lendemain matin, au moment où le bourreau Samson vint extraire le général de sa cellule pour le conduire au supplice, il le trouva déjeunant. — J'espère, mon cher, « dit-il au bourreau, que vous me donnerez au moins le « temps d'achever ma douzaine d'huîtres... » Au signe approbatif de Samson, Biron continua son dernier repas; puis avant de se lever de table : « M. Samson, dit-il « avec cet air d'aisance qui ne l'avait jamais quitté, aidez-

« moi à finir ce flacon d'excellent chablis ; je gage que « jamais vous n'en avez bu de meilleur. »

Biron apercevant une corde entre les mains des acolytes de Samson, s'avança vers lui en disant : « Si » c'est la règle..., faites... — Marchez, vous autres, dit aussitôt Samson à ses aides ; puis, s'adressant au duc de Lauzun : « Vous lier les mains, à vous, général? « non, s... d..., non ! — Citoyen, reprit le duc, vous « êtes d'une grande politesse à mon égard ; je vous en « remercie. »

Je viens de citer Rossignol ; ce général était l'ami intime du représentant Carrier, l'infâme Carrier de Nantes.. Établissons ici un parallèle entre Rossignol et le brave Dugommier. — Tous deux alors commandaient en chef, l'un devant Toulon, ainsi que nous venons de le dire, et l'autre dans la Vendée.

Le 23 décembre 1793 (3 nivôse an II), Rossignol, en rendant compte au ministre de la guerre Bouchotte d'un engagement qui eut lieu entre ses troupes et l'armée royaliste de la Vendée, s'exprimait ainsi sur le compte des prisonniers faits dans les divers combats :

« Autant on m'amène de ces coquins-là, autant j'en « envoie en ordonnance au Père Éternel, plus utiles en « ce lieu que sur notre territoire, puisqu'ils ne veulent « pas reconnaître les principes de la liberté et de l'éga- « lité et le respect dû aux décrets de la Convention

« nationale. Quand ils auront une fois ces principes
« bien gravés dans le cœur, je prierai le bon Dieu de
« leur donner une permission pour venir goûter les
« douceurs du gouvernement républicain. »

Atroce et sanglante ironie !...

Horrible blasphême !...

Quant à Carrier, dont le nom passera hideux à la postérité la plus reculée, les horreurs qu'il commettait dans les murs de Nantes, aussi vers le même temps, ne seraient pas croyables si les récits les plus authentiques n'étaient venus les révéler (1).

(1) Les détails des crimes de Carrier, dit un historien, peuvent à peine être crus, quoique attestés par les 80,000 habitans de Nantes ; et quoique lui-même ait développé la scélératesse de son ame dans la séance de la Convention du 21 février 1794, alors qu'on applaudissait aux scélérats qui venaient se glorifier de leurs crimes.

« Les femmes de la Vendée, disait-il, sont toutes des monstres.
« Les enfants ont aussi servi contre la république ; ceux de 13 à 14
« ans portent les armes, et ceux d'un plus bas âge encore servent
« d'espions. Plusieurs de ces petits scélérats ont été jugés et con-
« damnés par la commission militaire. » — Ce Carrier fit fusiller un escadron de vendéens qui s'étaient rendus sur la foi d'une amnistie solennellement proclamée. — Dans un espace de vingt jours il fit condamner plus de quatre mille personnes. — On attachait nus un jeune homme et une jeune fille, et on les jetait dans la Loire... Il nommait cela des mariages républicains ; et ils furent nombreux ! !... Plusieurs fois il fit entasser des hommes, des femmes et des petits enfants dans des bateaux que, au moyen de soupapes, on submergeait au milieu du fleuve. — La quantité de cadavres en-

Le 6 décembre de ladite année 1793, il mandait :

« Vous ne pouvez pas vous former une idée des pro-
« grès rapides qu'a fait ici l'esprit depuis environ trois
« semaines ; vous aurez peine à croire qu'il est à toute la
« hauteur de la révolution ; partout on n'entend que les
« cris du plus brûlant civisme ; le drapeau tricolore
« flotte à toutes les fenêtres ; partout des inscriptions
« civiques ; les anciennes églises devenues des éta-
« blissements publics ; tout annonce la mort du fana-
« tisme et de la superstition, et le triomphe assuré du
« patriotisme : l'*accident* des prêtres qui ont péri sur la
« Loire amuse, réjouit tous les citoyens ; mes collègues
« d'Angers viennent de m'en envoyer cinquante-trois :
« je ne puis m'empêcher de leur assigner la destination
« des autres, *quelles que puissent être mes craintes de leur*
« *voir éprouver le même sort.*

« En échange de ces tisons de guerre civile j'ai fait
« passer à Angers cent trente des plus forts contre-
« révolutionnaires de Nantes ; mes collègues me mar-
« quent qu'ils ont pris les précautions nécessaires pour
« les réduire à l'impossibilité absolue d'aller rejoindre
« leurs chers brigands.

« Les autres contre-révolutionnaires restés dans les

gloutis dans la Loire a été telle, et l'eau en a été infectée au point qu'une ordonnance de police en a interdit l'usage aux habitants de Nantes, interdisant aussi de manger des poissons.

« prisons de Nantes ont ourdi le plus horrible complot
« après le départ de leurs camarades; à l'aide de plusieurs
« fausses clefs, dont on les a trouvés nantis, ils devaient
« ouvrir toutes les prisons de Nantes. Six des principaux
« coupables ont été guillotinés sur-le-champ. Une grande
« mesure va nous délivrer des autres... Nous avons bien
« des entraves ailleurs, mais, ça va et *f*.... ça ira,
« oui, ça ira...

« Salut et fraternité,

« CARRIER. »

Tels furent les chefs de ces troupes révolutionnaires dans la Vendée, ou plutôt de ces bandes dites colonnes infernales..., avant l'arrivée des garnisons de Mayence, de Valenciennes et de Condé, envoyées en poste par la Convention.

Cependant la présence de Kléber, Marceau, Grouchy, Vimeux, Aubert du Bayet, Hoche à la tête des vingt-quatre mille Mayençais auxquels se joignit l'armée des côtes de La Rochelle forte de quarante mille hommes, changea pour un instant la face des affaires. Les assassinats diminuèrent, on faisait enfin des prisonniers, et si cette guerre se prolongea, c'est que les braves généraux que je viens de citer furent destitués les uns après les autres.

Quand on pense que Carrier, le Néron de Nantes, se vantait d'avoir fait tomber *quarante mille têtes*, *tant par le rasoir national*, disait-il, *que par les mariages républicains et autres variations amusantes*... !

. . . .

Les atrocités de Carrier sont si effrayantes, si nombreuses qu'on est tenté de nier leur possibilité... ; deux choses encore sont aussi peu compréhensibles : le grand nombre d'exécuteurs des ordres de Carrier, et cette lâche immobilité d'une grande population.

Mais laissons à l'analiste consciencieux le soin de raconter plus longuement cette phase lamentable de notre première dissolution sociale et de nous la faire maudire pour nous en épargner le retour.

L'histoire dira que le génie qui germait dans la tête du chef de bataillon d'artillerie nous a sauvés de cette anarchie sanglante, et que, redonnant aux Français leur impulsion native, il sut faire oublier tant d'excès à force de gloire, de grandeur et de prospérité. Depuis sa disparition du monde, son influence inspiratrice a présidé à nos combats : l'Espagne (1823), Alger, Constantine, Mogador, Ancône, Saint-Jean-d'Ulloa, Anvers, Rome enfin attestent que nos jeunes soldats sont dignes de leurs pères, et la solennité du 10 mai 1852 fait pressentir qu'il ne faudrait qu'un signal pour que l'aigle impériale reprît son essor victorieux.

FIN.

www.ingramcontent.com/pod-product-compliance
Lightning Source LLC
LaVergne TN
LVHW020034170826
845678LV00001B/251

9782329731193